AF232314

LE
PROBLÈME POLITIQUE

PAR

Le Docteur VITTEAUT

Membre Correspondant de l'Académie de Dijon.

Prix : 1 FRANC

<table>
<tr><td>A PARIS</td><td>A CHALON-SUR-SAONE</td></tr>
<tr><td>Chez Prosper DIARD, Libraire</td><td>Chez Mme MULCEY, Libraire</td></tr>
<tr><td>Rue du Bac, 41</td><td>Rue du Châtelet</td></tr>
</table>

1869

I

Là où est la justice, là est la force des sociétés, leur véritable gloire, leur vie pleine et féconde. Or, le principe de la justice ou sa source n'est et ne peut être que Dieu, c'est-à-dire cet Être spirituel, substantiel, personnel, infini, qui résume tout ce qui est parfait, tout ce qui est sage, tout ce qui est puissant, tout ce qui est fécond, qui le possède absolument, sans limite en lui-même et par lui-même. Donc, aucune société n'est juste, n'est réellement forte, sage, glorieuse et pleine de vie qu'autant qu'elle a pour base l'idée divine et qu'elle se l'assimile; elle est cela, tout cela, en raison de cette idée; plus cette idée assimilée sera pure, plus aussi cette société sera ce qu'elle doit être, plus elle durera dans sa force, sa vitalité, sa fécondité.

L'humanité, qui, dans l'origine, s'abreuvait à cette source, s'en est séparée par l'orgueil et par l'abus de la liberté, et au lieu d'être l'image vivante de Dieu, c'est-à-dire du juste, du bien, elle est devenue le foyer du mal dont elle s'est rendue coupable.

Pour relier l'humanité à son Principe, dont elle s'était écartée primitivement, il fallait nécessairement un moyen. Ce moyen, c'est la Religion, qui remonte jusqu'au berceau du genre humain, destinée à régénérer l'homme en le rattachant à Dieu, à l'élever vers Dieu pendant la vie terrestre et à le lancer par-delà la tombe dans le sein de Dieu, au moyen de l'idée divine et des ressources divines.

Mais l'idée divine serait comme si elle n'était pas si elle n'était enseignée, et elle ne peut être enseignée, comme toute espèce d'idées d'ailleurs, qu'à l'aide de signes sensibles qui font impression sur nos organes afin de faire jaillir la pensée; de là, le culte extérieur qui rappelle Dieu; de là, par conséquent, les ministres du culte, le sacerdoce, avec tous les moyens dont il doit disposer pour être.

Une chose qui se dégage du premier discours de M. Claude Bernard à l'Académie française, c'est cette notion que nous avons exprimée il y a plus de dix ans, à savoir : qu'il est impossible de pouvoir parler si l'on n'a déjà entendu parler. « *L'enfant qui cesse d'entendre parler*, dit le nouvel académicien, *perd peu à peu la faculté de parler, il devient muet, et l'âme du muet, qui subit une véritable rétrogradation intellectuelle et morale, ne saurait se développer.* » A travers tant de phrases vides et ténébreuses, tant de prétentions scientifiques non fondées, de matérialisme mitigé et néanmoins superbe, d'absence de philosophie et de logique, le physiologiste du jour, qui ne sera jamais qu'un analyste, affirme implicitement la révélation divine, et il l'affirme d'autant mieux qu'il reconnaît ailleurs une Cause première créatrice.

La nécessité de la révélation divine, comme la nécessité du culte extérieur, fondées sur la physiologie humaine, telles sont, parmi tant d'aberrations philosophiques, les deux conquêtes du moment. Pour ce qui est de la chute originelle, l'observation suffit largement pour démontrer son existence. Chaque homme, en effet, porte en lui l'empreinte de sa décadence, et il n'est pas besoin de beaucoup d'analyse, d'attention et de bonne foi pour reconnaître que Dieu, le parfait, le souverain bien, n'a pu nous créer tels que nous sommes, que par conséquent nous sommes tous des êtres plus ou moins dégénérés.

Ainsi, à travers l'espace et la durée, d'un côté le Créateur, l'Être par essence, l'Être parfait; d'un autre côté, l'humanité, l'œuvre de ce Dieu Créateur, déviée, qui n'est point ce qu'elle doit être, et, comme trait d'union, la Religion, qui enseigne par ses patriarches, ses prophètes, l'unité de Dieu, l'immortalité de l'âme, la vie future; qui plus tard formule sur le Sinaï sa loi dont les articles sont si profondément philosophiques et scientifiques, aussi simples qu'ils sont profonds; qui plus tard encore a besoin de l'Homme-Dieu pour perfectionner cette loi, la faire observer et pour reconstituer l'humanité en état de dissolution; qui s'est enrichie avec le Christ de données nouvelles, de sa propre substance, d'agents thérapeutiques spirituels; qui s'est perpétuée dans les successeurs du Christ au moyen de la société fondée par Lui, je veux parler de l'Église, de l'Église qui enseigne ce que son Fondateur a enseigné, qui a parcouru déjà près de deux mille ans, et qui a prouvé, comme elle prouve encore, sa sublime mission, malgré tains abus qu'on a faits en son nom et sous le couvert de sa divine ine.

Religion, qui passe par le Sinaï, par le Calvaire et qui aboutit au

Vatican, a soutenu l'humanité dans sa chute primitive et dans ses chutes successives; elle l'a reliée à Dieu autant qu'elle a bien voulu l'être; elle l'a fait vivre et progresser; elle l'a conduite à la civilisation. C'est elle qui a produit ces nationalités hébraïque et juive dans l'antique Orient; c'est sur ses débris que tant de peuples même païens se sont élevés et ont duré; c'est encore elle, à cause des germes qu'elle a semés, qui soutient les sociétés, alors même qu'elles se séparent de son sein, et parce qu'elles ne peuvent se soustraire de longtemps à son influence ; et si la vieille Europe s'est élevée à ce degré de grandeur que nous lui connaissons, si la France a traversé quatorze siècles d'honneur et de puissance, c'est à elle, à elle surtout qu'elles le doivent. Quatorze siècles ! Je ne puis ne pas le faire observer , c'est bien quelque chose.

Des hommes de la valeur d'Augustin Thierry, de l'illustre Newmann, qui ne sont point des renégats et des pseudo-savants comme M. Renan , ni des littérateurs comme M. Sainte-Beuve, ont démontré l'authenticité du Catholicisme; ils ont reconnu qu'il n'était autre que le Christianisme continué, développé, organisé. Tous ceux qui se sont occupés sérieusement de la matière et qui ont eu du talent honnête ou du génie sont arrivés à la même conclusion.

Le prédécesseur de M. Jules Favre à l'Académie, le philosophe Cousin, a déclaré dans son livre *du vrai, du beau, du bien,* qu'il n'était point donné à la raison de concevoir une religion plus parfaite que le Christianisme. Si par l'élévation et la pureté de ses principes, sa constitution intime, cette religion est jugée telle, par ses effets sur l'humanité, nous devons constater qu'elle possède en elle une force divine, car rien d'humain ne serait capable d'opérer les merveilles qu'elle a manifestées et qu'elle ne cesse de manifester. C'est la religion qui a produit ces beaux et grands caractères, ces vertus , avant la venue du Messie ; c'est le Christianisme ou l'ancienne loi perfectionnée, avec en plus un Dieu, qui a racheté l'esclave, réhabilité la femme, rappelé l'homme à la vraie dignité; c'est le Catholicisme, ou le Christianisme continué, qui a réduit le césarisme ancien, qui a sauvé les arts, les lettres et les sciences, et qui a jeté sur le sol tous ces monuments, toutes ces nobles institutions, qui sont autant d'arcs de triomphe de son inépuisable fécondité et de son immense charité. Il n'y a que le Catholicisme qui puisse faire des missionnaires, des hommes et des femmes sincèrement dévoués pour élever la jeunesse, des filles de Saint-Vincent de Paul, qui sont comme des anges de Dieu auprès de l'humanité malade dans son corps et dans son âme; il n'y a que le Christianisme ou le Catholicisme qui a formé et qui forme des saints; et à présent, quand toutes les nations, fières de leurs progrès matériels, mettant à contribution toutes les forces de la matière pour se tenir debout, chancellent sur elles-mêmes, c'est encore la Religion qui les empêche de sombrer.

Nos savants microscopiques d'aujourd'hui et nos politiques, principalement les économistes, se figurent que l'ère de la science date d'eux-mêmes, parce qu'ils savent mieux analyser la matière, agir sur elle, la transformer, accumuler des détails, les chiffrer, et parce qu'ils savent ou ne savent pas appliquer les grandes données qu'on leur a laissées. Je n'aperçois point sur le front d'aucun d'eux l'auréole du génie, tandis que cette auréole brille sur la tête de ces puissantes individualités qui ont vécu et respiré dans l'atmosphère religieuse. Moïse, Platon, saint Augustin, saint Thomas d'Aquin, Sully, Pascal, Fénélon, Descartes, Bossuet, Colbert, Newton, Léibnitz, Chateaubriant, Lamartine avaient du génie, tandis que MM. Littré, Jules Béclard, Robin, Claude Bernard, Duruy, Guéroult, Clément Duvernois, Rouher, Sainte-Beuve, de Persigny, Michel Chevalier et le reste sont loin d'en avoir.

Quand on vivait sous l'influence de la philosophie spiritualiste, telle que la philosophie chrétienne, qui avait pour habitude de remonter à la Cause des causes, du moment qu'on avait trouvé un fait, après l'avoir observé, on s'efforçait de le rattacher à son principe, on recherchait sa loi, comme faisait Newton, et l'on constituait la philosophie des sciences. Actuellement on recherche mécaniquement un phénomène; on l'analyse, et, au lieu de le rattacher à sa cause, on court après un autre phénomène; on entasse des faits, on les totalise, et, quand on a totalisé, on croit avoir généralisé. La Politique comme la science est inondée de faits; elle est écrasée, noyée par les faits, et, loin de les dominer, elle est dominée par eux.

Un homme d'une taille extraordinaire, qui n'était point athée, qui est mort dans le sein du Dieu eucharistique, comparait dans ses méditations solitaires son œuvre à celles d'Alexandre, de César, de Charlemagne, et trouvant sur la route de sa pensée l'œuvre du Christ, s'arrêtant devant cette œuvre éminemment grandiose et la considérant de son vaste regard, il s'inclina et s'humilia. Cet homme, c'est Napoléon-le-Grand, qui s'est trouvé lui-même être Napoléon-le-Petit en face de la majesté de Jésus-Christ. L'idée napoléonienne n'est qu'un peu de poussière devant l'idée chrétienne. Napoléon Ier, malgré son génie, aboutit à Waterloo et à Sainte-Hélène. Il avait eu son Austerlitz sous bien des rapports; il débordait de puissance et de gloire; mais il s'était heurté à cette pierre qui soutient l'édifice catholique et qu'on appelle la Papauté ; il avait voulu l'écraser, et il fut écrasé lui-même. Le neveu du grand capitaine a eu, lui aussi, son Solférino ; mais il a tenté de faire une église nationale ; il a voulu mettre sous le joug société de Saint-Vincent-de-Paul et franc-maçonnerie ; comme l'oncle, il a, d'une manière moins palpable, il est vrai, porté la main sur la Papauté ; et, à moins qu'il ne recule dans ses desseins, on peut lui prédire, c'est une loi, qu'il trouvera son écueil de l'Atlantique, après avoir passé par une série de Waterloos.

Tel est donc ce grand fait que l'intelligence conçoit, que l'expérience historique atteste, ce fait capital de la Religion qui soutient l'humanité dans la justice et dans la vraie force en la reliant à Dieu.

En regard de ce fait, il en est un autre, non moins logique, non moins nécessaire, que l'expérience ne confirme pas moins, c'est celui qu'offrent les sociétés humaines quand le lien religieux se relâche, que l'athéisme prédomine, que les doctrines matérialistes l'emportent, que l'impiété règne. Alors, au lieu de la justice, c'est l'injustice qui triomphe ; au lieu de la vertu, c'est le vice, le vice parfois brillant, doré, qui prend le ton et les manières de la vertu ; à la place de la force réelle, c'est la faiblesse, de la sagesse l'aveuglement, de la vérité le mensonge, de la gloire la honte, de la franchise l'hypocrisie, du progrès la décadence ; à la place de la fécondité, c'est la stérilité, du mouvement et de la vie, l'immobilité et quelque chose qui ressemble à la mort. C'en est fait de la civilisation d'un peuple quand la Religion n'est plus ; c'en est fait de ses institutions. *La république est perdue*, s'écriait Cicéron, *les dieux s'en vont*. Nous pourrions dire avec autant d'autorité que Cicéron : La France est perdue, l'Europe est perdue, l'idée religieuse s'en allant. Oui, si la religion ne retient Dieu parmi nous, nous sommes perdus comme nationalité, comme puissance active, qui doit avoir sa part de légitime influence et qui doit fonctionner dans le grand organisme des nations.

L'incrédulité se met en frais pour citer des noms d'un certain degré d'intelligence et de mérite et qui ont vécu en dehors de l'idée religieuse. A supposer que ces êtres isolés eussent pu faire abstraction des impressions reçues, des influences du milieu, de la révélation perpétuelle qui se fait socialement, chose que je crois être radicalement impossible, physiologiquement parlant, ils ne seraient que de rares exceptions ; je ne sache pas du reste qu'ils soient arrivés comme les saints à la perfection ; ils prouveraient que ce que Dieu a déposé primitivement dans le fonds de la nature humaine ne s'est point effacé complètement dans leur âme ; par le fait de leurs exceptions, ils confirmeraient la règle, et nous n'en serions pas moins en droit de défier les sceptiques et les incrédules de montrer, dans le cours des âges, une collection d'individus, un peuple qui ait cultivé la justice, qui ait tant soit peu marqué, qui ait été susceptible de progrès sans l'élément religieux. Ce peuple n'existe point.

Donc, de la part de la puissance civile, au lieu d'absorber la puissance religieuse, d'en faire un instrument de despotisme et de domination des consciences, comme en Russie, il faut lui laisser son existence à part, son action à part, sa vie à part; au lieu de faire une religion d'état, comme dans les îles Britanniques, dans ce pays d'O'Connell opprimé cruellement par un gouvernement protestant, et de vouloir une religion officielle, comme on a essayé en France, toujours dans le but et rien que dans le but de concentrer toutes les forces dans la main de l'État, il faut distinguer les deux puissances dans l'État; au lieu de tenir sous le joug la Religion, comme autrefois en Turquie et de l'avilir, il faut l'affranchir; donc de la part des gouvernements, au lieu de se séparer de la religion et de vivre vis-à-vis d'elle avec indifférence, pour ne point dire en hostilité, il faut faire alliance avec elle, la traiter en amie et comme la plus grande des bienfaitrices; au lieu de lutter contre elle et de la battre en brèche par des ministres hostiles, des journalistes hostiles, des écrivains hostiles, des décorations et des honneurs hostiles, par tous les moyens hostiles, il faut lutter avec elle pour le bien et marcher avec elle; il faut donc la respecter, l'honorer dans ses ministres, la protéger dans leurs personnes; il faut respecter ses institutions, ses actes, sa parole; il ne faut pas lui dire : l'*Église libre dans l'État libre*, quand on la spolie ou qu'on veut la spolier; comme on a proclamé le système de non intervention, quand on voulait intervenir pour annexer; comme on a invoqué l'opinion, les *moyens moraux*, alors qu'on faisait l'opinion pour soi, pour ses propres calculs, et qu'on démoralisait afin d'arriver à son but.

L'Église libre, avec les moyens de l'être, dans l'État libre qui les garantit, voilà ce qu'il faut.

Il ne faut pas que ces moyens dépassent certaines limites, car alors on aurait un clergé trop puissant matériellement, qui pourrait dominer l'État, ou bien devenir un levier pour l'État, un ordre dans l'État, comme cela s'est vu et se voit encore quelque part. Les hommes, dans les ministres de Jésus-Christ, pourraient abuser, et en abusant devenir indignes du Dieu de l'Évangile. Je ne conçois point le dévouement aux choses divines avec le cortége de la richesse, pas plus que je ne conçois le dévouement à la chose publique avec une liste civile de cent mille francs par jour, pas plus que je ne conçois l'indépendance des serviteurs de l'État avec des chaînes d'or; je comprends encore moins, quand on palpe des millions pour soi, qu'on entreprenne de vouloir faire des réductions pour autrui. Le temps de toutes ces choses devrait être passé à jamais.

Charlemagne, qui avait le génie politique et beaucoup du génie chrétien, dont l'œuvre persiste encore parce qu'elle était inspirée par l'idée religieuse, Charlemagne avait consacré le don fait par son père à la Papauté ; il élargit ce don et constitua ainsi le patrimoine de Saint-Pierre. La Rome des Césars, entourée de quelques domaines, devint la Rome des papes, du chef de la catholicité, du vicaire de Jésus-Christ ; le centre de l'empire romain devint le centre du Catholicisme ou du christianisme organisé ; et cet organisme, qui n'était qu'un point dans l'espace, incapable par son défaut d'étendue d'inspirer de l'ombrage aux grandes puissances territoriales, mais capable par ce rien matériel de se suffire matériellement et d'être indépendant spirituellement, fonctionna comme jamais, dans les annales du monde, on avait vu fonctionner de puissances organisées sur la terre. Cet organisme rayonna le divin dans l'univers entier ; et, sous le rapport moral, le levier d'Archimède avait été trouvé. Au moyen de la Rome chrétienne, comme point d'appui, la Papauté a soulevé et soulèverait encore l'humanité du côté de Dieu, si les passions conjurées et si les gouvernements, par un système d'aveuglement incroyable, n'y mettaient obstacle.

C'est en réfléchissant attentivement sur ce fonctionnement inouï, sur ses résultats prodigieux et à propos du temporel de l'Église romaine, que l'empereur Napoléon disait encore : *Ce que les siècles ont fait, ils l'ont bien fait.* Nous dirons, nous : Ce que la Providence a fait à cet égard, elle l'a bien fait.

L'Empereur, on a paru ne pas s'en souvenir, par une de ces contradictions qu'on retrouve souvent dans les Bonaparte, avait voulu enlever Rome au Saint-Père ; il avait surnommé son fils roi de Rome ; il lui réservait la couronne de Rome. Vaines combinaisons : le Christ veillait sur les destinées de son Église ; la couronne de Rome ne devait point ceindre le front du fils du héros, et la tiare devait briser l'épée du César moderne.

II

Cela posé, et après avoir examiné mon sujet dans sa base, je l'examine en lui-même, dans son centre, et dans le sommet qui doit être son couronnement.

Je définis la Politique la science qui règle les rapports des hommes d'un même pays entre eux et des nations entre elles, comme la Religion est la science qui traite des rapports de l'homme avec Dieu. Il y a la politique particulière, intérieure, propre à une nation, et la politique générale, extérieure ou internationale.

Mais pour régler des rapports il faut des lois, et les lois doivent être fondées sur la justice; de là, les lois civiles et politiques, les constitutions politiques; de là, par conséquent, le droit civil et politique, qui est la matière de la loi, de la constitution du pays, qui contient tout ce qui est suivant la loi, la constitution, tout ce qui doit être dans l'esprit de la loi, de la constitution, tout ce qu'impose le devoir politique et social.

Le droit absolu, c'est le droit divin, le droit moral, le droit naturel, qui ne sont que le seul et même droit; il est divin, parce qu'il vient de Dieu; il est naturel, parce que Dieu l'a fondé d'après la nature de l'homme; il est moral, parce qu'il dirige l'être moral vers le souverain bien qui est Dieu; il embrasse nos devoirs envers nous-mêmes, nos devoirs sociaux et religieux.

Il ne faut pas confondre le droit, matière de la loi, avec le droit individuel, le droit de chacun, *mon droit*. Mon droit, dans le sens absolu, moral, est ce que m'assure pour en jouir individuellement, personnellement, la loi absolue, si je l'observe. D'où l'on voit que mon droit absolu, le droit de chacun, le droit individuel, est subordonné au devoir absolu, est en raison du devoir absolu.

Et de même qu'il existe un droit individuel dans le sens absolu, de même il existe un droit individuel dans le sens politique, au point de vue civil ou social.

Mon droit politique ou social est ce que m'assure individuellement, personnellement, la constitution politique de mon pays, le code ou la loi civile. Il est bien évident que si je viole la loi politique ou civile, je perds mon droit politique ou social. Les droits politiques et civils de chacun sont donc subordonnés aux devoirs politiques et sociaux, comme le droit individuel moral l'est au devoir absolu; ils sont en raison de ces devoirs.

Le droit absolu, qui se formule d'une manière si nette dans quelques articles du Décalogue, ne varie point dans son fonds; il est l'œuvre de Dieu, immuable comme Dieu. Le droit politique et social, au contraire, est variable comme les sociétés; il est d'origine humaine et il repose sur des conventions.

La conséquence que nous en tirons naturellement, c'est que pour être dans les conditions de durée, pour avoir vie, toute constitution politique d'un État, toute loi civile, doit se rapprocher de la loi absolue, la prendre pour type, sans se confondre avec elle; elle est à la loi religieuse, divine, ce que le relatif est à l'absolu ; elle dérive d'elle et ne dérive que d'elle, elle a son antécédent dans elle. Voilà pourquoi au frontispice de la loi, de la constitution d'un pays, se trouve inscrit le nom de Dieu ; voilà pourquoi la politique est une science qui a ses racines dans la morale ; voilà pourquoi la loi ne peut être athée, comme on l'a dit; voilà pourquoi la justice humaine n'est qu'en tant que la justice absolue, divine est; voilà pourquoi enfin, comme nous l'avons énoncé, un peuple, une nation, n'est juste, n'est fort dans la justice, qu'autant qu'il vit par l'idée religieuse ou par Dieu.

Une des prétentions insensées du rationalisme contemporain dans la science du droit est d'avoir voulu substituer la loi humaine à la loi divine; on a tout confondu; on a pris ce qui n'est vrai que relativement, conventionnellement, pour ce qui est vrai moralement, absolument et réciproquement; on a transporté les choses de l'ordre moral, absolu, dans l'ordre politique ou social, et réciproquement. On a renouvelé l'antique rébellion contre la Divinité ; on a prononcé le *non serviam;* on a voulu, comme dans les premiers jours du monde, s'égaler à Dieu dans la science du bien et du mal; on a tenté d'escalader le ciel, de monter jusqu'au ciel ; on a proclamé, avec Littré et d'autres, l'Humanité-Dieu ; et, dans cette Babel d'un autre genre, avec l'impuissance on est arrivé au chaos, à la confusion, au bouleversement des notions les plus élémentaires du droit; comme on a été conduit par le rationalisme philosophique au protestantisme, au déisme, à l'athéisme, et finalement au scepticisme et au matérialisme théorique et pratique [1].

. Essayons de tracer quelques lignes de démarcation.

La Religion, qui représente la loi divine ou la justice divine, s'occupe surtout de l'homme par le dedans, par son for intérieur, son côté spirituel, et, dans les rapports qu'elle détermine entre l'âme humaine et Dieu, elle a surtout en vue la patrie céleste; sa loi a sa sanction capitale dans la vie future. La Politique, qui représente la loi humaine, la justice relative, s'occupe principalement de l'homme par le dehors, en tant que ses actes sont tangibles; elle se propose surtout l'ordre, le développement, la conservation de la société, et a pour but essentiel la patrie terrestre; la loi dont elle est

---

[1] Voir notre chapitre X, Du Rationalisme et de la Révélation, dans notre livre intitulé: *La Médecine dans ses rapports avec la Religion.*

armée a sa sanction sur la terre. Les intérêts confiés à la religion sont donc spécialement de l'ordre moral ; les intérêts confiés à la Politique sont avant tout de l'ordre matériel. Tout ce qui peut développer l'âme, l'épurer, la fixer à Dieu, telles que les choses du culte, les signes sensibles institués par Jésus-Christ, la prière, les moyens qu'offre l'Église, sont du domaine de la Religion ; tout ce qui peut faire un bon citoyen appartient à la Politique ; voilà pourquoi la Politique s'occupe aussi des forces de l'esprit en tant qu'elles développent l'homme et augmentent la patrie ; elle n'ignore point qu'un pays peut être puissant par la littérature, les arts, les sciences, l'hygiène publique, comme par ses armes, son commerce, son industrie, son agriculture ; voilà pourquoi le législateur intervient dans tout cela. S'il n'a pas le droit d'imposer ses idées au père de famille et de violenter les consciences, il a celui de surveiller l'éducation publique, afin qu'on n'enseigne rien contre l'État ; s'il ne lui appartient pas de prescrire le genre de culte dû à Dieu, il doit déclarer ses sympathies et donner sa protection à celui qui est reconnu par le pays ; s'il ne peut punir le blasphème privé, le parjure envers Dieu, il doit interdire le travail du dimanche au moins dans les chantiers de l'État, parce que l'observation du dimanche est non-seulement une chose religieuse, mais une chose de conservation sociale. La loi politique n'a pas à pénétrer dans le sanctuaire de la famille pour savoir si les enfants obéissent à leurs père et mère, les respectent et les honorent ; le sanctuaire de la conscience lui est non moins fermé. Je puis, pendant des années et des années, méditer les plus criminels projets contre mes parents, mes frères, mes concitoyens, le gouvernement, si rien ne se traduit au dehors, la loi civile n'a rien à y voir ; je puis commettre sur mon corps et sur mon âme toutes les abominations, me livrer aux actes les plus honteux sur moi-même, repaître mon imagination des choses les plus obscènes, former les désirs les plus coupables, je puis être envieux, gourmand, paresseux, lascif, orgueilleux, je puis me suicider, la loi civile ne m'atteint pas ; je puis, comme la vipère qui secrète le venin dans sa glande, élaborer le venin de ma pensée, tant que ce venin ne s'épanche pas par des paroles, par des écrits, je n'ai rien à démêler avec la loi humaine, et la loi humaine n'a rien à démêler avec moi. Celle-ci punit le mensonge, la calomnie, le parjure, l'immoralité ouverte, non parce qu'ils portent atteinte à la vérité et à la sainteté, mais comme préjudice causé à la société ; elle punit le vol, non parce que la propriété est d'institution divine, mais parce que la société se trouve lésée par le vol ; comme elle punit pour les mêmes raisons le meurtre, l'homicide, comme elle punit tout ce qui menace l'ordre social, et le châtiment qu'elle inflige est en raison, doit être en raison du délit et du crime commis.

La loi a-t-elle le droit de punir celui qui attaque Dieu et s'efforce de détruire l'idée divine? Cette question soulève celle du libre arbitre, de la libre pensée, de la haute critique, j'entends celle qui s'intitule modestement telle.

Dieu a fait l'homme libre, sans doute, et s'il lui a donné la liberté c'est pour en user. La Politique pas plus que la Religion ne peuvent jeter l'interdit sur la liberté de l'homme. Mais autre chose est d'être libre de penser dans son for intérieur, face à face avec soi-même, avec Dieu, et autre chose est de répandre le produit de sa pensée. Si ce qu'on pense est du poison moral, si ce poison est destiné à tuer le principe de la justice dans les âmes, comme il l'est nécessairement quand il s'attaque à Dieu, évidemment il y a là, du moment qu'il est répandu au dehors et infusé dans les veines du corps social, un préjudice, le plus grand préjudice causé à la société, et dans ce sens la loi humaine a le droit d'intervenir. Chez les républiques antiques, du temps de leur splendeur, on condamnait à l'exil un citoyen qui attaquait publiquement les dieux, la religion de la patrie; on sait ce que la politique espagnole a fait à cet égard. Je ne pense pas qu'on doive soumettre à la torture et au bûcher celui qui se rend coupable d'impiété publique; mais si le glaive de la loi ne doit point le frapper ainsi, il est un châtiment qu'il devrait pour le moins subir, c'est l'ostracisme moral, c'est le bannissement de toutes les charges publiques. Le gouvernement, qui appelle l'athéisme dans ses conseils, non-seulement commet un attentat contre la société qu'il a mission de sauvegarder, mais encore il se suicide lui-même. Il devrait savoir que la Religion, qui fait des citoyens pour le ciel, fait en même temps les meilleurs citoyens pour la patrie, et que sa tâche serait singulièrement simplifiée si l'idée religieuse était en honneur. Si d'un côté, en effet, chacun respectait l'autorité, la famille, la foi jurée, la réputation, le bien d'autrui, et rendait à César ce qui appartient à César; si, d'un autre côté, l'on bannissait de son cœur les haines, les colères, les convoitises; si l'on faisait ce que la Religion prescrit, si l'on s'abstenait de ce qu'elle défend, si l'on était sobre, tempérant, simple, bienveillant, charitable, modéré dans ses besoins, il n'y a pas jusqu'à l'économie sociale, qui tend dans ce moment à supplanter la politique, comme la chimie tend à supplanter la médecine, qui y trouverait largement son compte.

Mais, dira-t-on, l'opinion est là qui met son véto et qui suspend l'action de la loi humaine dans les questions purement religieuses, dans les questions mixtes, comme du reste dans une foule de questions de politique pure.

L'opinion, c'est la reine du monde selon les uns, c'est une femme capricieuse selon les autres, et je suis parmi ces derniers.

Dans ce que veut l'opinion, quelle que soit la question qui se présente, il faut examiner si ce qu'elle exige est oui ou non conforme à la justice; si c'est conforme à la justice, il faut lui donner satisfaction; si ce n'est point conforme à la justice, ou bien si c'est inique, il faut de la part du gouvernement savoir lui résister. Le gouvernement, en présence des prétentions injustes de l'opinion, doit être assez résolu, assez énergique pour lui dire : Voilà le droit, et voilà la loi armée pour le faire triompher. Et un moyen très-simple de savoir si ce que réclame l'opinion est conforme à la justice, c'est de le mettre en regard de certains articles de la loi absolue et de le soumettre au tribunal de la loi divine que Dieu a établi sur la terre depuis Jésus-Christ. La loi absolue, la loi divine, est le réactif le plus sensible pour connaître ce qui est vrai et ce qui est bien; c'est la pierre de touche pour le législateur. Si la Politique s'inspirait un peu plus des grands principes du droit chrétien, elle ne ferait point fausse route au dedans et au dehors comme elle fait; les nationalités seraient à l'abri des coups de main, des ambitions perverses, et l'on ne verrait pas tant l'iniquité désoler l'intérieur des États et passer leurs frontières.

Ces réflexions suffiront, j'espère, pour faire comprendre ce qu'on doit exiger de ceux qui se mêlent de légiférer et de gouverner les peuples. Indépendamment des connaissances spéciales et des qualités spéciales, il leur faut des connaissances historiques étendues, la connaissance profonde d'eux-mêmes et des hommes, sous peine de tomber dans des utopies et dans des systèmes déplorables; il leur faut en outre des notions exactes de la loi divine. Nul ne saurait être un politique sain, stable, réellement fort, réellement juste et bon, réellement efficace et fécond, s'il n'est foncièrement et sincèrement religieux.

En vérité, quand je vois à la tête de la fabrication des lois un usinier tel que celui du Creusot, qui nous parle de la morale et de la religion comme il nous en parle dans sa dernière profession de foi, qui n'ignore point certains détails de réglementation, qui ne manque à coup sûr point de finesse et d'habileté, je ne puis m'empêcher de penser à tous les laminoirs politiques, à tous les balanciers politiques, à tous les coups de piston politiques dont doivent être susceptibles le grand atelier législatif et l'industrie gouvernementale de nos jours. Je me dis en moi-même : *c'est là un signe du temps;* et je suis saisi d'une grande tristesse dans mon âme; parce que je vois mon pays sous l'empire de la matière et de toutes les forces de la matière.

III

J'arrive à la partie pratique du problème, au terme de la question, à l'idée démocratique. Cette idée est le sommet de mon sujet, comme la démocratie est le couronnement de l'édifice politique des siècles.

Nul ne peut se le dissimuler; nous touchons à une période extraordinaire de l'histoire de l'humanité. Il y a quelque chose qu'on pressent et qu'on ne définit point. Ce quelque chose est dans l'atmosphère, et nous ne pouvons point ne pas le respirer; il passe sur la terre comme un vent impétueux ; il est dans les entrailles des peuples; partout il est. Napoléon Ier l'a pressenti; Chateaubriant l'a pressenti ; Lacordaire l'a pressenti et le voulait; et, quand Louis Bonaparte était à l'université de Ham, il l'a pressenti sans l'avoir voulu réellement. Est-ce donc quelque chose, comme un Rouher de plus, un Rouher de moins? Un Schneider de plus, un Schneider de moins? Une responsabilité ministérielle de plus, une responsabilité ministérielle de moins? Une cheville politique en plus, tel qu'un sénatus-consulte, une cheville politique en moins? Un d'Orléans en plus, un d'Orléans en moins? Un Bourbon en plus, un Bourbon en moins? Une dynastie en plus, une dynastie en moins? Non, pas plus qu'il ne s'agissait il y a quelques vingt ans d'un Guizot en plus, d'un Guizot en moins; d'un Thiers en plus, d'un Thiers en moins; d'une réforme électorale en plus, d'une réforme électorale en moins. Depuis que le Christ a dit : *Mon royaume n'est pas de ce monde,* les théocraties n'ont plus leur raison d'être; depuis que 89 a proclamé et fait passer l'égalité civile, les monarchies, les oligarchies sont impossibles. Et la preuve qu'il en est ainsi, c'est que l'on a essayé de tout et qu'on n'a réussi en rien, malgré le talent, malgré la science, malgré la force, malgré le génie, malgré la gloire; rien n'a pu être fondé de solide et de durable. De même que je défie de trouver un peuple sans Dieu, de même je défie de constituer une monarchie constitutionnelle ou autre, un empire, avec les principes de 89. Or 89, c'est incontestablement l'expression de la plus haute raison politique, comme 89 est pour tous la preuve expérimentale de ce que devient cette raison humaine quand elle fait acte de scission avec la Raison divine.

Mais ce quelque chose qui s'impose, qui veut passer, qu'est-ce donc enfin ? C'est comme ce quelque chose qu'on appelle l'Océan, et qui va passer à travers cet isthme qui unissait l'Afrique et l'Asie pour confondre ses eaux avec celles de la Méditerranée ; c'est l'Océan populaire qui tend à passer à travers l'isthme miné des royautés dans la Méditerranée politique ; ce sera la démocratie majestueuse et puissante avec l'idée divine ou la hideuse et désastreuse démagogie sans Dieu.

La question a pris des proportions et une gravité comme jamais, puisqu'il s'agit non de la légitimité, non de l'orléanisme, non de l'empire, mais, pour l'Europe et pour la France, d'être avec l'idée démocratique et religieuse ou de n'être pas sans cette idée ; il s'agit de l'alliance de la raison de 89 avec la Raison divine évangélique.

Dans le lointain des âges et avant 89, la Religion, que rien ne peut suppléer, a tenu lieu de tout, et les sociétés, grâce à elle, ont pu s'élever et progresser ; mais, à cette date célèbre, la raison politique a analysé ses droits, elle les a affirmés, et l'idée démocratique qu'elle a manifestée au monde non-seulement n'a rien de contraire à la religion de Jésus-Christ, mais elle est conforme aux principes de justice de cette divine religion.

L'idée démocratique, ou la justice civile, répartie équitablement entre tous, affirmant les droits et les devoirs de tous, et reposant sur l'idée religieuse, tel est le point culminant vers lequel doivent converger toutes les intelligences et toutes les volontés.

Pour moi, je ne puis admettre qu'un homme vienne nous dire, en vertu d'un prétendu droit héréditaire, que je ne trouve nulle part écrit dans la loi divine : *Vous m'appartenez comme peuple, vous êtes mes sujets, j'ai le droit de régner sur vous, le trône est à moi, c'est ma propriété.* L'Église ne l'a pas entendu ainsi à un moment critique de nos destinées, et c'est parce qu'elle ne l'a pas entendu ainsi que nous avons été la grande nation. Quand la Papauté, sous le dernier de nos rois fainéants, fut consultée pour savoir lequel devait régner, de celui qui ne faisait rien, ou de celui qui faisait tout dans le gouvernement, elle répondit que c'était celui qui faisait tout. Si elle avait à se prononcer aujourd'hui vis-à-vis d'un jeune prince qui ne règne pas, et qui compromet par les plaisirs de son âge bien des choses en Europe, elle pourrait bien faire la réponse qu'elle a faite autrefois du temps du pape Zacharie. J'aime peu les princes, en tant que princes héréditaires, bien entendu ; j'aime encore moins leur clientelle quand ils sont sur le trône ; en 1747, nous avons cru devoir dans ma famille les remercier comme ils se faisaient dieux de chair. Je ne raisonne donc pas en politique sur les lignées royales comme sur une ligne droite géométrique, qui doit se prolonger indéfiniment. Si je raisonnais ainsi, une once d'histoire et quelques grammes d'expérience viendraient redresser mon jugement.

Aux monarques de famille je préfère pour toute l'Europe, dont les rois se découronnent d'ailleurs eux-mêmes et s'en vont depuis longtemps, des présidents de république nommés pour dix ans, élus par un suffrage universel épuré et à deux degrés, rééligibles et avec un traitement modeste, les gros traitements n'étant que des moyens de corruption. Je voudrais, autant qu'il est possible, je dis autant qu'il est possible, car il ne faut pas oublier que nous sommes dans le domaine du relatif, et bien insensé celui qui croirait que nous devons jamais atteindre la perfection politique; je voudrais, au moyen d'une saine éducation, et après les grandes leçons du passé, que le pouvoir, contrôlé, pondéré par des Chambres, advînt au plus digne, quelle que soit du reste son origine princière ou non, pourvu qu'il eût le bon sens d'accepter hautement, publiquement, solennellement, ce qui dans tous les âges a été la force et la splendeur des États, les principes éternels de l'éternelle Raison, et pourvu surtout que sa conduite fût en harmonie avec ces principes. Ce serait, à mon sens, le seul moyen d'empêcher les abus inhérents à la nature humaine de s'enraciner, de se propager et de pousser drus, comme ce serait aussi le seul moyen de niveler tant de compétitions, tant d'ambitions, et de répondre aux aspirations d'une époque dévorée par la soif de l'égalité et de la liberté, qui a fait main-basse sur tous les priviléges, qui, dans ses mœurs et ses institutions, est profondément démocratisée, et qui vient de prouver, le bulletin à la main, qu'elle ne voulait ni césarisme, ni gouvernement personnel.

Ah! si Napoléon III fût resté Louis Bonaparte, c'est-à-dire président pour dix ans, nous n'aurions pas à déplorer ce que nous avons, ou si nous avions quelque chose à déplorer, nous aurions le moyen de le rectifier. Il a préféré édifiér un empire démocratique, comme si empire et démocratie n'étaient point deux choses qui s'excluent, et comme si l'on ne devait point aboutir par là nécessairement à l'absolutisme césarien.

Mon idéal, comme on le voit, serait, abstraction faite de toute individualité et sans exclure aucun nom propre, une démocratie qui affirmerait la Divinité. C'était l'idéal d'un légitimiste fameux, à la fin de sa carrière, de l'immortel auteur *du Génie du Christianisme*, qui conseillait à son prince de travailler à en préparer l'avénement.

La base la plus large et la plus légitime du pouvoir démocratique, comme de tout pouvoir politique, est le suffrage universel, non le suffrage universel tel qu'il est, mais tel qu'il doit être. Si ce suffrage était libre, éclairé, réfléchi, consciencieux ; en d'autres termes, s'il était ce qu'il doit être, il donnerait ce qu'il doit donner, et ce serait la voix de Dieu dans la conscience des peuples. C'est dans ce sens qu'on pourrait dire que le pouvoir est en quelque sorte d'origine divine, étant l'expression de la voix intérieure de l'humanité, du *Vox populi, Vox Dei.*

Le gouvernement démocratique est en principe de tous les gouvernements le plus équitable, personne ne le conteste ; il n'est donné à aucune force humaine d'arrêter le flot qui vient et qui monte, c'est encore évident : ni les audaces, ni l'héroïsme, ni les calculs et les combinaisons bonapartistes ; ni la prudence et l'habileté orléanistes ; ni cette honnêteté de la restauration qui n'a pas été sans gloire, rien n'a pu l'arrêter, et tous les obstacles qu'on oppose et qu'on opposera ne feront qu'en rendre le cours plus violent.

Mais l'heure de la démocratie est-elle sonnée ? Les de Lesseps de la Politique ont-ils achevé leurs travaux ? Leurs digues pour recevoir les ondes sont-elles assez solides ? Le bassin, l'immense bassin de la société, est-il assez fortement endigué pour les contenir et pour résister à la masse des vagues ? En d'autres termes, le moment qui s'approche et où l'on va donner le dernier coup de mine sur cette vieille terre qui séparait deux continents, doit-il être le moment où il faut porter le dernier coup à cet isthme du vieux sol de la royauté qui sépare les peuples, pour faire passer l'Océan populaire dans le sein large et profond de la société européenne ?

Réduite à ce point, la question, qui se pose plutôt que nous ne la posons, est d'une importance extrême, et pour l'apprécier et la résoudre il ne suffit point de connaître exactement la situation actuelle, il faut encore se dépouiller de toute espèce de prévention, de toute partialité, de toute passion et de tout intérêt égoïste.

Il se fait une singulière illusion, celui qui pense qu'on peut faire rebrousser la société vers le passé ; c'est comme si l'on voulait faire remonter les eaux d'un fleuve vers sa source. Assurément l'on doit respecter le culte du souvenir ; mais, à travers les choses du sentiment, combien de calculs personnels, combien d'arrière-pensées, combien d'envies de ressaisir ce qu'on a perdu et que ne comportent point la saine raison et la justice civile ? Combien de Gambetta d'une autre couleur dont la fortune, la santé, le talent auraient été d'un si grand prix ? Non, non, ils ne sont point des hommes politiques tous ceux qui se sont annulés volontairement depuis 1830 ou 1848, et qui ont laissé passer qui, je le demande ? S'il est beau d'être fidèle à un homme, il est encore plus beau de faire comme Berryer, de servir son pays, quelles que soient ses sympathies pour telle ou telle forme gouvernementale. Et puis enfin, s'il existe un rejeton du caractère du vertueux Louis XVI, où sont donc les de Villèle, et comment se fait-il qu'on ne voie pas au-dessus de ces faibles tiges ce qui les briserait et les emporterait comme la paille légère sous le souffle de l'ouragan? Comment peut-on ne pas comprendre combien elles ont perdu racine chez nous comme ailleurs, quand on les voit disparaître comme elles disparaissent toutes sous le moindre coup de vent populaire? A la manière dont ils se montrent et quittent la scène, ces prétendants, ne dirait-on point qu'ils ont conscience de leur non-droit, et au lieu de s'aigrir le caractère comme on l'a fait, au lieu de traîner un pénible et stérile exil sur la terre étrangère, ne vaudrait-il pas mieux que partisans et prétendants offrissent leurs services à leur patrie et aspirassent à être citoyens libres d'un pays libre sous le vrai soleil démocratique, qui prodigue ses rayons de lumière à tous, bien différent du soleil monarchique?

D'un autre côté, celui qui s'imagine qu'on arrive à un changement profond et permanent en quelques années, ou bien sans transitions, sans passer par des coups d'état, des oscillations, des sacrifices et plus d'une déception, ne connaît ni le mouvement organique des nations, ni la nature des résistances au juste comme au bien, dans tous les temps, dans tous les lieux. Il faut savoir être patient; ce qui ne veut pas dire inactif, encore moins indifférent; il faut autant de modération que d'énergie; il faut enfin se persuader que si les révolutions ont échoué depuis un siècle, elles devaient échouer, par la raison toute simple qu'elles ont écarté jusque-là ce qui fait le substratum des sociétés vivantes. Dans notre France, nous devons en convenir, nous voulons nos droits avec une impatience qui surpasse la résistance; nous insistons sur ces droits, et nous mettons dans l'ombre nos devoirs qui leur correspondent; nous ne savons point nous tenir dans ces sentiments de justice qui assurent le succès, et dans les oppositions que nous faisons nous dépassons souvent le terme; au lieu d'attaquer les abus nous attaquons la chose, et nous la renversons. Alors la violence appelle la violence; la colère reporte aux souvenirs de la Terreur; de là, ces anxiétés; de là, ces perturbations qui provoquent toutes les combinaisons de la force et qui nous font glisser sous un despotisme intermittent.

Si nous considérons combien de toutes parts craquent les trônes, tout ce qu'on a fait pour les démolir, combien même dans certains pays le pouvoir a conspiré pour cela; combien l'idée monarchique est minée; combien par nos mœurs et par nos lois nous sommes loin de cette idée; combien le principe d'égalité civile est dans les têtes; combien le prestige royal a disparu; combien tout ce qui l'étayait s'est évanoui, nous sommes autorisé à répondre : *L'heure a sonné pour la démocratie.*

Mais si nous considérons combien l'idée du droit individuel absorbe l'idée du devoir; combien le courant du matérialisme a envahi jusqu'aux dernières couches sociales; combien les principes supérieurs font défaut; quand la solidarité pour le mal l'emporte sur le bien; que les passions subversives n'ont plus de contrepoids que la force matérielle; quand les meilleurs d'entre nous ne croient plus guère qu'à eux-mêmes, qu'à leur habileté, à je ne sais quelle influence morale résultant de leurs capacités et de leur humaine sagesse; alors que chacun s'abîme dans la contemplation et dans l'éclat menteur de sa personnalité; dans ces jours où il n'y a plus qu'égoïsme, amour du lucre, mercantilisme, agiotage, orgueil, envie, que dis-je? fureur de jouir organiquement et rage d'impiété; en nous arrêtant à toutes ces choses, nous avons à nous demander si nous ne penchons point plutôt du côté de la démagogie, si la guerre sociale commencée le 23 juin 1848 ne va pas reprendre terrible, furibonde, et partant si nous ne sommes point menacés d'une chute profonde, qui sera en raison inverse des hauteurs atteintes sous l'action du spiritualisme chrétien.

Nous sommes si malades, en effet, que dans l'ordre moral les mots sont renversés pour exprimer les réalités, que ce qui est bien on le nomme mal et ce qui est mal on l'appelle bien; que nous sommes frappés d'ostracisme administratif, législatif et autre dans certaines régions, si nous avons encore le courage de pratiquer ces vieilles choses : l'honneur, la vertu, la religion; qu'il nous devient difficile pour ces raisons de gagner le pain quotidien et d'élever nos enfants; que nous sommes menacés, si nous persévérons, de boire la ciguë et de subir la guillotine, par certains brigands des clubs, du journalisme, des sectes impies, et par une plèbe lisante, écoutante, endoctrinée, surexcitée, saturée de convoitises par des bandits de l'idée, qui s'abreuve tous les jours aux sources du meurtre, et qui ne respire que pillage et destruction; nous sommes si malades, que posséder est un crime aux yeux de cette armée de barbares, nourrie dans le sein de la patrie, préparée par des académiciens athées, des écrivains athées, des professeurs de l'école de médecine athées, des avocats et des jurisconsultes athées, des sectaires et des conspirateurs athées, des publicistes et des journalistes athées.

Nous sommes si coupables que nous avons laissé pervertir les multitudes

avec une indifférence orientale, quand nous ne les avons pas perverties nous-
mêmes, que nous avons perdu jusqu'à la conscience de notre culpabilité.
Nous n'avons réagi ni contre le dévergondage et les infamies de la littérature,
ni contre le libertinage de la presse, ni contre les orgies sacrilèges d'un
sénateur que nous payons à raison de trente mille francs par an, ni contre
les menées d'un ministre qui nous avait enseigné que l'homme provenait
du commerce d'un singe avec dame nature, et qui le laissait enseigner dans
les facultés. Les doctrines matérialistes nous enveloppant et nous envahis-
sant, nous avons vécu comme nous vivons d'égoïsme malsain et compro-
mettant au dedans, vis-à-vis les uns des autres ; comme sous le gouvernement étroit et très-personnel de Juillet, nous avons laissé tomber la grande
voix du député Mauguin, mon parent, qui voulait qu'on défendît la nationalité polonaise ; comme sous le second empire nous avons laissé sacrifier
avec celle-ci d'autres nationalités.

Lorsque la solidarité chrétienne manque, il n'y a plus de lien social, et le
lien international s'en va également ; il n'y a plus que le régime de la force
et des ruses criminelles pour arriver. *Chacun chez soi, chacun pour soi,*
telle est la maxime guizotine que nous pratiquons ; et avec ce système
chaque famille est murée, comme chaque nation ; mais chaque individu ne
voulant travailler que pour soi, ne voulant défendre que soi, ne songeant
à protéger que soi, la collection d'individus ou le pays tout entier se
trouve livré à la masse des méchants, des violents et des ambitieux ; tout
comme dans la grande famille des nations, les peuples les plus faibles sont
exposés aux coups des plus forts ; les individus comme les sociétés se trou-
vent à la merci d'un événement.

Cela est si vrai que de nos jours l'on se demande ce qu'on deviendrait
sans notre brave armée, ou si, par une surprise, par un de ces coups de
main comme il en est, l'autorité se trouvant désarmée, le fusil du soldat
passait au pouvoir de certaines multitudes. Incontestablement nous avons
lieu de frémir lorsque nous songeons à ces choses. Là où il existe encore
des digues, elles ne sont que de sable pour recevoir les flots tumultueux de
l'Océan populaire.

Ainsi, d'un côté, l'ombre et rien que l'ombre de l'idée monarchique ; de
l'autre, idée démocratique qui s'impose jeune et vigoureuse, mais avec les
dangers de la démagogie.

Que faire ?

Puisque l'idée démocratique représente la justice civile par excellence,
puisque cette idée est l'idée nécessaire des temps modernes, puisque c'est

l'idée de l'avenir, il faut la réaliser ou la faire passer de la théorie dans la pratique en l'associant à l'idée divine, qui est l'expression de la justice absolue.

Si la France se refusait à cette noble et grande entreprise, elle manquerait à sa mission de 89 comme à celle de fille aînée de l'Église ; elle ne serait plus la nation émancipatrice, la nation du vrai progrès ; comme tant d'autres, elle aurait été. Si, au contraire, elle se recueille, si elle se met sérieusement à l'œuvre, si elle se fortifie du rempart du Christianisme, elle entraîne avec elle l'Europe plus que jamais, et marche toujours à la tête de la civilisation européenne ; son nom, comme autrefois, retentit par-delà les mers, et elle apporte au monde les principes de la régénération politique combinés avec les principes évangéliques ; elle s'élève à une puissance morale incomparable.

Il faut donc que chacun lutte dans la justice, mais lutte avec énergie pour faire passer la grande et sage démocratie ; il faut réagir contre les mauvaises doctrines, les mauvais livres, les mauvais journaux ; il faut que celui qui a du talent l'apporte, que celui qui a de l'argent l'apporte, que celui qui a de la bonne volonté l'apporte ; il faut se donner corps et âme pour la patrie et savoir immoler sur son autel ses ressentiments. Ce n'est pas trop du concours, du courage, du sang froid de tous ceux qui ont conservé l'instinct conservateur et quelques idées saines. Avec un Napoléon qui a rêvé un empire humanitaire, qui a fait l'expérience de tant de choses, qui vient de subir de cruelles déceptions, qui, malgré ses fautes, a hérité de l'amour de son oncle pour la France, qui, somme toute, a proclamé le suffrage universel et le maintient, on peut poursuivre la voie, et nos députés, sans être parjures, peuvent faire les affaires des peuples et répondre à leur mandat. Avec un clergé qui sort du sein du peuple, avec un épiscopat qui s'est retrempé dans les couches du peuple et qui possède avec les lumières des ressources capitales, avec un chef de la Catholicité qui comprend son époque, qui en a sondé la plaie, qui n'attend rien des rois, qui attend tout de Dieu, qui sait dire la vérité aux princes de l'Église comme aux autres princes, qui va, dans le Concile, se trouver en face de l'idée démocratique, et qui saura en tout et pour tout faire son devoir, même vis-à-vis des siens, de ses frères dans le sacerdoce, on peut restaurer l'idée divine.

Que tous ceux qui ont de l'intelligence comprennent enfin que là où est le juste avec le divin, non-seulement là est la force avec l'honneur, mais encore, avec le salut de tous, le véritable intérêt, l'intérêt des individus et des sociétés luttant ensemble pour les mêmes principes et les mêmes fins.

La démocratie athée est la pire des choses. Soyons dignes et justes, soyons avec Dieu, retournons au Catholicisme comme beaucoup d'esprits en Angleterre, et nous aurons une démocratie glorieuse, d'une puissance jusque-là inconnue.

Donc, si parmi les consultants qui tâtent le pouls de la France et qui sont appelés à donner leurs avis divergents, j'avais l'honneur d'être consulté, l'on pressent ce que je formulerais.

Je le formule devant mon pays :

1° Rappel immédiat de Dieu, banni du domaine des consciences ; prières publiques à cet effet.

2° Armement des citoyens pour rassurer le foyer domestique et le protéger contre les ennemis du dedans.

3° La force appuyant le droit ; car la force c'est la logique du moment, et le droit c'est la vie des nations.

4° Ni révolution, ni gouvernement d'un seul ; avec la révolution pour les temps présents, c'est un abîme de malheurs, des vagues de sang, et au bout le sabre prussien et le knout moscovite ; avec le gouvernement d'un seul, tel qu'il est depuis quelques années, ce sont presque au fond les mêmes résultats, plus insensibles, plus lents.

5° Décentralisation générale et rayonnement des forces et des individus du centre à la circonférence.

6° Responsabilité sérieuse des agents du pouvoir, sans un atôme d'exception.

7° Respect à cette sainte chose, la liberté, qu'on ne doit pas laisser dégénérer en licence ; respect pour la liberté du bien, pour toutes les libertés et spécialement pour la liberté de l'enseignement supérieur.

8° Contrôle sévère des actes du gouvernement, sans opposition mesquine ou systématique.

9° Ordre et économie dans les finances.

10° Rendre peu à peu à l'agriculture les bras qui lui manquent, qu'on occupe dans les villes, et l'exonérer des charges qui pèsent sur elle.

11° Révision des traités de commerce dans l'intérêt de notre industrie nationale, et sous ce rapport ne pas oublier, comme l'ont fait les économistes, qu'on ne peut changer le tempérament d'un peuple, ses influences de climat, son sol, que nous sommes surtout, avant tout, soldats et laboureurs.

12° Enfin, plus de candidatures officielles et application plus large du
suffrage universel.

Voilà pour le dedans, telle est la tâche.

L'éloquence âcre et passionnée, entraînée autant qu'entraînante d'un
Jules Favre; l'éloquence juvénile et creuse d'un Émile Ollivier; l'éloquence
sophistique et pleine d'elle-même d'un Rouher; celle d'un rhéteur de décadence comme Rouland; celle de Duruy, qui dit que l'empereur est le
rédempteur du peuple; celle du tribun d'Ajaccio, tancé des plages africaines,
et néanmoins du conseil privé; l'éloquence spécieuse, rationaliste plus que
rationnelle d'un Jules Simon; celle d'un Thiers, qui, malgré son vaste talent,
sent toujours le vieil homme, l'homme redoutable et habile à renverser;
celle qui rappelle la probité d'un gouvernement dans des temps difficiles et
qui se nomme Garnier-Pagès; celle d'un Pouyer-Quertier et d'un de Falloux,
qui n'auraient pas dû être combattus comme ils viennent de l'être dans
l'appel impérial fait aux honnêtes gens; celles d'un Keller et d'un Kolb-
Bernard, qu'on aime à entendre dans une chambre française; toutes ces
éloquences suffiront-elles? Le présent peut-il être affermi par la puissance
de la parole? Je ne le pense pas. L'éloquence et la science, nous l'avons
vu, ne sauraient nous sauver; il faut en plus et par-dessus tout, avec l'assis-
tance du Très-Haut, l'épée de la France, non l'épée qui tue la justice, les
droits acquis, les conquêtes réelles, mais l'épée protégeant tout cela pour le
transmettre à la génération, afin qu'elle se l'assimile et qu'elle puisse con-
clure naturellement ou du moins sans de trop fortes secousses. Il faut l'épée
de la France que l'orléanisme a laissé rouiller vis-à-vis de ces puissances qui
ne reconnaissent que la force, dont l'une nous atteignait directement au
cœur sur les bords de la Vistule, dont l'autre vient de nous entamer à
Sadowa.

Au dehors et en face de cette triple alliance de la Prusse, de la Russie,
de l'Amérique, que j'ai signalée depuis longtemps, qui nous étreint et qui
menace d'un Waterloo final le centre et le midi de l'Europe, après avoir
absorbé le nord; qui s'est manifestée déjà par des faits significatifs, qui
peut bien se relâcher par moment et même paraître se dissoudre, mais qui
tend toujours à se consommer, qui se consommera comme quelque chose
de fatal, le mobile commun étant l'intérêt, le point de mire étant presque
commun, qui ne manquera pas, si on n'y prend garde, de se traduire par
des faits inouïs; vis-à-vis de l'alliance de la Prusse qui a lâchement
démembré le Danemark à son profit, s'annexe violemment toute l'Allemagne, et se dresse sur nos frontières; de la Russie qui fait un vide cruel à

Varsovie, transporte en Sibérie la sœur de la France, veut passer à Constantinople, s'établit au Saint-Sépulcre et tend à rouler sur l'Inde; des Etats-Unis d'Amérique qui nous intiment l'ordre de sortir du Mexique, ont déjà leurs vaisseaux dans la Méditerranée et prétendent réaliser plus que le plan de Monroë; en présence de toutes ces choses, sous un Napoléon qui était l'arbitre de l'Europe le lendemain de Solférino; quand nous nous jugulons par le principe de non-intervention que le comte de Cavour et tous les Cavouriens exploitent contre nous, dont les Bismark et les Gorstchakoff se jouent en dominant à Munich, à Bucharest, à Athènes, par des princes du sang de *leurs augustes maîtres;* tandis que par la question romaine nous nous obstinons à porter le trouble dans les consciences que nos ennemis ménagent et savent enflammer; tandis que nous nous divisons, que nous brisons des lances de tribune, que nous gaspillons nos finances avec M. Haussmann pour achever Babylone, que nous jouons à la Bourse, que nous allons aux cours publics organisés par le génie d'un ministre; que, nouveaux Athéniens, nous courons aux spectacles, aux plaisirs, à la lanterne du comte de Rochefort, au camphre de Raspail; tandis que nos faux patriotes, par haine de la religion de nos pères, nous livrent tous les jours à l'étranger et font ses affaires, je préconiserai et je formulerai cette autre prescription :

1° Armement militaire tel qu'il est, augmenté plutôt que diminué, contre les ennemis du dehors; et, pour ne pas se consumer l'arme au bras, pour arriver à la solution extérieure où il y va de l'existence de tant de contrées, la paix ou la guerre, et non cet état anormal qui n'est ni l'une ni l'autre.

2° La paix avec l'alliance de l'Autriche et de la France cimentée par la Papauté, laquelle alliance entraînerait la Bavière avec ses députés catholiques, la Saxe, le Hanôvre, l'Italie, l'Espagne, le Portugal, la Belgique si on lui donnait des garanties, la Hollande, la Turquie, le Danemark, les débris de la Pologne, et pour le moins la neutralité anglaise en regard de ses possessions en Orient et en Amérique; la paix et le désarmement général, si, par un congrès armé, l'on rétablit l'équilibre européen, les nationalités mutilées, assassinées, et si par des traités et par des résultats positifs on refrène l'ambition des puissances rivales qui perturbent le monde.

3° La guerre, si les sommations armées ne suffisent pas, la guerre avec des forces combinées contre la gigantesque coalition qui manœuvre hardiment et habilement en Bavière, en Autriche, en Grèce, dans les principautés danubiennes, sur les bords du Rhin, à Saint-Pétersbourg, à Berlin, partout dans l'ancien et le nouveau monde, et qui sait on ne peut mieux profiter de nos dissensions, de nos faiblesses, de nos fautes, qui attend des complications, qui les fomente pour mieux en profiter encore ; la guerre de concert avec l'Autriche, le Piémont largement agrandi, plus compact, plus fort en lui-même, pour lui-même et pour nous, sans Naples qu'avec Naples qu'il faudra rendre à elle-même ; la guerre contre la Prusse d'abord, afin de rendre à l'Autriche ce que nous lui avons fait perdre en Allemagne, et de débarrasser l'Italie de ses plus grands ennemis, les garibaldiens et les mazziniens ; la guerre pour ressusciter la Pologne, la Saxe, le Hanôvre, relever le Danemark, rassurer la Hollande et la Belgique ; la guerre pour affermir la Papauté et non pour la réduire, comme on l'avait promis ; la guerre pour arracher l'Espagne et l'Europe aux discordes civiles et pour la lancer dans ses voies ; la guerre sainte, au nom du Dieu des armées, pour les choses les plus sacrées ; la guerre, non pour l'ambition des despotes, mais dans l'intérêt des peuples ; la guerre par conséquent pour sauver la démocratie européenne compromise par les fils de M. de Voltaire, ce singe de génie, comme l'appelle M. Victor Hugo, ce courtisan de courtisanes, ce valet de Frédéric de Prusse, de Catherine la partageuse de la Pologne, qui se moquait du peuple et qui se réjouissait des désastres des armes de son pays.

Quand la Médecine se trouve en présence d'un organisme atteint d'une maladie dangereuse elle doit se recueillir, et, s'il faut prendre des moyens énergiques, héroïques, pour sauver son malade, elle ne doit pas hésiter ; de même, quand la Politique est aux prises avec une situation grave et périlleuse, son devoir est de bien observer, de bien étudier, et elle doit trancher la question par les mesures extraordinaires quand elle ne peut aboutir autrement et que la perte de temps augmente la gravité. Le malade qui est gravement malade, c'est l'Europe.

En 1863, je représentais à M. Drouyn de Lhuys qu'on devait opposer aux puissances du nord de l'Europe les puissances du centre et du midi, les grouper en faisceau, qu'il fallait faire alliance avec l'Autriche ; que, sans notre énergique amitié, celle-ci disparaîtrait, et que sans son concours nous étions compromis, l'Italie telle qu'on l'a faite n'étant et ne pouvant être qu'un boulet aux pieds de la France, et j'ajoutais alors que, pour cimenter l'alliance des deux empires catholiques, il fallait du ciment romain. En effet, si vous supprimez ce ciment, lui disais-je, l'alliance en question est impossible ; le vaincu de Solférino ne peut donner la main au vainqueur ; les peuples ne savent point pour qui ils luttent ou plutôt ils ne le savent que trop, et, si la Papauté est éliminée, l'élément catholique ne donne pas ; il ne reste plus pour viser au but, pour l'atteindre, pour diriger les forces actives que la plume d'un Guéroult, d'un Émile de Girardin, avec son lieutenant M. Clément Duvernois et d'autres généraux de cette trempe ; si vous supprimez la Papauté et si vous ne lui donnez aucune garantie, les consciences catholiques et toutes celles qui n'ont pas encore perdu le sens du juste et l'instinct conservateur restent ce qu'elles sont, incertaines, anxieuses, pour ne pas dire ennemies, et les petits états effrayés se sauvent à l'approche du déluge vers les hautes montagnes, c'est-à-dire du côté des grandes agglomérations ; si vous supprimez la Papauté, vous vous privez du plus grand ressort moral, le seul qui persiste sur la terre et qui puisse donner à vos alliances de la solidité et de l'efficacité.

Je serais en droit d'ajouter aujourd'hui :

Vous avez porté à cette puissance sans pareille pas mal de coups depuis Villafranca ; vous voyez ce que vous en retirez ; pas plus que d'autres vous n'échappez à la vengeance céleste. Vous lui avez créé des embarras ; vous avez fait l'opinion contre elle avec tous les Abouts du siècle ; vous avez voulu que des esprits pervers s'occupassent d'elle pour n'avoir pas à s'occuper de vous ; vous vous êtes avisés de lui donner de *sages conseils* comme vous vous gardiez bien d'en donner à Londres et dans les cours du Nord, et voilà que la Providence qui vous avait élevés se tourne contre votre sagesse et vous rend au-delà de ce que vous lui avez fait. La Papauté n'est pas ce qu'un vain peuple d'écrivains et de lecteurs pense. La Papauté est en possession de l'idée du Christ assez haute, assez large, assez profonde pour contenir toutes les idées, tous les systèmes politiques ; elle est la fille du Christ émancipateur qui penche vers les faibles et les droits des faibles ; elle est élective et, tout élective qu'elle est, elle dure d'une longue durée et enterre toutes les erreurs, toutes les utopies, toutes les dynasties ; elle a traversé, malgré les obstacles, dix-huit siècles avec honneur, oui, avec honneur ! quoi qu'en disent des esprits prévenus, passionnés, des libertins qui distillent du poison pour les masses égarées, et je ne sache pas qu'elle déshonore ce siècle-là. C'est elle qui a sauvé les monuments de l'esprit, et qui de nos jours encourage encore l'illustre astronome Secchi, qui bénit nos études particulières *sur les rapports des sciences médicales avec la religion*, et bien d'autres travaux d'une bien autre valeur. Chose qu'on ignore d'une coupable ignorance ! elle a toujours lutté comme elle lutte encore contre l'absolutisme ; tandis que le czar met le pied sur la gorge de la Pologne, c'est encore elle, elle seule, les Jules Favre et compagnie, ô honte ! croyant devoir se taire, qui élève la voix et ne cesse de protester. Elle est l'amie des peuples ; sous elle, ils ne connaissent ni l'impôt du sang, ni celui de l'argent , et ils pratiquent avec l'amour et la reconnaissance la sage liberté. Avec la Papauté, c'est la base du progrès, c'est la civilisation , c'est la vie de l'humanité, parce que c'est le prolongement du Christ-Dieu. Avec la Papauté qui marchait à la tête de l'affranchissement de la Péninsule italique, qui l'aurait délivrée sans les sicaires, ce ne sera jamais le règne de la force et des tyrans ; ce sera, au contraire, le règne du spiritualisme et l'union des peuples dans la fraternité et l'indépendance vraies.

Il faut que nos habiles et nos superbes en prennent leur parti, car c'est de la dernière évidence, les faits sont par trop éloquents , ou bien la Papauté restera ce qu'elle était, libre dans sa mission sublime, avec des moyens matériels d'existence , d'indépendance spirituelle et d'épanouissement, dans son centre, sa capitale, la capitale de la Catholicité, et l'Europe sortira de cette affreuse crise, régénérée, puissante comme jamais, reprenant sa lente mais sûre ascension ; ou bien la Papauté subira pour quelque temps des atteintes terribles, elle sera spoliée, exilée, sa grande voix sera étouffée , et notre vieille Europe sera Cosaque selon la prédiction du captif de Sainte Hélène.

Chalon-s.-S., imp. de J. Dejussieu.